Michael Richter

WORTBURG

Aphorismen

ZUM AUTOR

Dr. phil. Michael Richter, geb. 1952 in Berlin, ist Historiker und Aphoristiker. Bislang sind von ihm vier Aphorismenbände erschienen: „Einspruch. Aphorismen"(1993), „Widersprüche. 1000 neue Aphorismen" (2006), „Wortschatz. Aphorismen" (2007) und „Einspruch. Aphorismen aus artgerechtem Denken" (2009).
Webseite des Autors: www.wortburg.de.

Herstellung und Verlag:
BoD - Books on Demand, Norderstedt
ISBN 978-3-7322-5362-3

Die besten Ideen kommen gleich als
Taten zur Welt.

***

Wir verkommen immer schneller zur
Sache.

***

Solange sich ständig alles ändert,
wird sich nie was ändern.

***

Wissen resultiert aus der Ungenauigkeit
unseres Nichtwissens.

***

Wenn du etwas verschweigen willst,
drück dich klar und deutlich aus.

***

Alle Menschen werden rüder.

***

Es heißt Vorgesetzter, nicht Ausgesuchter.

***

Es brauchte Jahrmilliarden bis zur Hundskamille.

***

Wirkliche Liebe ist viel schöner als wahre.

***

Wer sich hängen lässt, kann in Ruhe reifen.

***

Je mehr man etwas liebt, desto öfter muss man sich dafür entscheiden.

***

5

Auch wenn sie dich feiern,
sie meinen nur sich.

***

Vor dem Start steht der Sieger noch fest.

***

Nach der Tat trocknen wir uns die
Hände am Gewissen ab.

***

Unser Bild vom Jenseits ist diesseits
aller Vorstellungen.

***

Unser Horizont wird auch von der
anderen Seite benutzt.

***

Ohne uns würden wir manches besser
machen.

***

Völlige Ruhe? Hört sich gut an.

***

Nicht die Stärksten überleben,
sondern die mit Kindern.

***

Zuhause spielen Schauspieler
gern sich selbst.

***

Helden gehen in der Geschichte ein.

***

Ein Verbot aller Verbote
verbietet sich von selbst.

***

Manchmal spielt meine Rolle mich.

***

Die bestmögliche Note für Militärs:
Befriedend.

***

Die Zukunft ist völlig überhofft.

***

Alte Häuser erzählen gern,
was ihnen gerade einfällt.

***

Religion ist Verstehen
wider besseres Wissen.

***

Wer einen Zyniker bessert,
erhält einen besseren Zyniker.

***

Nur wer Fehler zugeben kann,
könnte ohne Fehler sein.

***

Wir verschieben unser Ziel,
bis wir am Ende sind.

***

Wir sind nur ein Teil unserer selbst.

***

Gute Manieren sind
das Ergebnis strenger Verziehung.

***

Pädagogen holen uns da ab, wo sie sind.

***

Wer zu viele kennt, den kennen zu viele.

***

Lass dich nicht zurücksinken
in die Waffen deiner Eltern.

***

Wer immer nur seinen Vorsätzen folgt,
schafft es nie bis zum Hauptsatz.

***

Meist müssen die dran glauben,
die nicht dran glauben.

***

Wir sind die Endverbraucher,
nach uns die Sintflut!

***

Berechnung setzt auf Gegenliebe.

***

In einer Welt von Siegern
überwiegen die Verlierer.

***

Es schafft oft zusätzliche Probleme,
sie lösen zu wollen.

***

Eine Meinung zerfällt,
wenn man nicht alle Teile gleichzeitig
denken kann.

***

Wer nicht verzichten kann,
muss auf manches verzichten.

***

Am stärksten ist der Wille,
der nichts von sich weiß.

***

Klugsein kann schaden,
wenn man nicht durch Schaden klug
geworden ist.

***

Unsere Lieblingsgedanken neigen zu
Übergewicht.

***

Angesehene Menschen
sind in besonderer Weise wie alle.

***

In Zukunft kommt auf uns zu,
was dereinst gewesen sein wird.

***

Wer sich festgedacht hat,
muss sich erst wieder losfühlen.

***

Wenn meine Meinung mich belügt,
sehe ich es ihr genau an.

***

Ich habe es gemacht,
um es nicht machen zu müssen.

***

Urknall: Anfang in Vollendung.

***

Zwecklos sind wir nicht,
nur hat unser Zweck keinen Sinn.

***

Andere zu verstehen hilft Brücken zu
bauen - für den Angriff.

***

In Hierarchien steigt man
am besten von oben ein.

***

Ungerührte Menschen
werden mit der Zeit hart.

***

Der Feind der Langsamkeit
ist der Stillstand.

***

Große Erkenntnisse bleiben aus,
wenn kleine einen weiter bringen.

***

Die Sonne scheint
auch nach der anderen Seite.

***

Was man lässt, dient der Selbstklärung,
was man tut, der Tarnung.

***

Was, wenn wir von früheren Gedanken
überrundet werden?

***

Die Pflicht im Denken besteht aus
Wissen,
die Kür aus Meinung.

***

Ohne Inquisition
sind die zehn Gebote nur Angebote.

***

Man sollte verbieten,
alles zu tun, was nicht verboten ist.

***

Nur wenn die Antwort schon feststeht,
kann eine Frage falsch gestellt werden.

***

Es ist unverschämt, was uns künftige
Generationen alles vorenthalten wollen!

***

Steigt der Marktwert von Niederlagen,
lohnen sich Siege nicht mehr.

***

Die Jugend neigt dazu, sich von ihrer
späteren Meinung zu distanzieren.

***

Gott hat die Wirklichkeit erfunden,
der Mensch die Wahrheit.

***

Wer nicht einfach glauben kann,
braucht komplizierte Dogmen.

***

Mit dem eigenen Ende
kann man nichts anfangen.

***

Jeden Tag sollte man sich vornehmen,
irgendetwas sein zu lassen.

***

Der deutsche Arbeitslose kauft nicht,
wenn er muss, sondern wenn er kann.

***

Auf der Suche nach Glück
wird manch einer pfündig.

***

Vorurteilsfreie Vorurteile
haben auch nach dem Urteil Bestand.

***

Dinge lassen sich danach unterscheiden,
ob man eher ihr Fehlen
oder ihr Dasein bemerkt.

***

Ans Ende kommt man auch ohne Ziel.

***

Falsche Reaktionen bestätigen
die Richtigkeit unserer Aussagen.

***

Ideologie: Gedanken in Aspik.

***

Schmutzige Kinder sind mit sich im
Reinen.

***

Plausibel ist Demokratie allein
durch die Möglichkeit des Abwählens.

***

Wir sind die wichtigste Information
über die Welt.

***

Kunst handelt vom Möglichen,
nicht von der Wirklichkeit.

***

Radikaler Konstruktivismus provoziert
als neuen Glauben
den an die wirkliche Wirklichkeit.

***

Im ungenauen Verschweigen
kommt man den Tatsachen am
nächsten.

***

Im Moment des Todes überholt uns die
Vergangenheit.

***

Wahrheiten ignorieren die
Möglichkeiten der Wirklichkeit.

***

Blockbuster!
Mit Pressworthämmern werden ganze
Sinnkomplexe eingerissen.

***

Rausch modifiziert unsere
Fehlwahrnehmung auf angenehme
Weise.

***

Nicht zu sein bietet die Chance,
überall gleichzeitig nicht zu sein.

***

Im Grunde ist Wirklichkeit am möglichsten,
am Rande bestenfalls wahrscheinlich.

***

Ab und zu erkennen wir die Wahrheit,
aber wir vergessen sie zum Glück immer wieder.

***

Lasst uns aus allen Lösungen
neue Rätsel machen!

***

In zweieinhalb Million Jahren werden wir wissen, wie die Andromeda-Galaxie heute ausgesehen hat.

***

Das Schicksal lässt sich nur beeinflussen,
wenn man sich mit ihm anfreundet.

***

Der Tod macht sich Nichts aus uns.

***

Zum Erkennen der Welt
sind wir überqualifiziert.

***

Gedanken stauen sich im Herzen,
Gefühle im Kopf.

***

Die meisten Medikamente
helfen durch Verzicht.

***

Selbst mit dem Schlimmsten
rechnen wir nicht mehr im Kopf.

***

Das vermessenste Hobby Sterblicher:
Eine Fotosammlung vergangener
Galaxien.

Schulwissen kann man abschreiben.

***

Ironiker sind auf dem Rückweg
von der Verzweiflung.

***

Sie wollen nichts von mir.
Ich gebe es ihnen aber nicht.

***

Die meiste Zeit steht mein Verstehen
ungenutzt in der Garage.

***

Soldaten fallen,
bis eine Entscheidung gefallen ist.

***

Die Besten nehmen am Wettbewerb gar
nicht erst teil.

***

Boxer-Weisheit:
Geben ist seliger denn nehmen.

***

Sprache lässt alles mit sich machen,
wenn die Gedanken nur wollen.

***

Müßiggang ist aller Lüste Anfang.

***

Die Masse erkennt ihre Vorbilder
an deren Eitelkeit.

***

Für Abgetriebene
wird die Gebärmutter zur Todeszelle.

***

Die fatale Wirkung freier Wahlen:
Man packt sich selbst in eine Schublade.

***

Geheimnisse hütet man,
Lügen haben freien Auslauf.

***

Unsere Oberflächlichkeit verlagert sich
immer mehr nach innen.

***

Unterlegene fassen schneller Vertrauen.

***

Zivilisationen entstehen
durch Kultivierung des Alltäglichen.

***

Bei dicker Luft wird die Luft dünn.

***

Haben unsere Gefallenen uns damit
einen Gefallen getan?

***

Siegertypen kommen ohne Ende ans
Ziel.

***

Der Menschheit stellt sich
die Frage des Überlegens.

***

Wahrheiten werden nicht gefunden,
sondern formuliert.

***

Was tun, wenn man die eigene Meinung
vergessen hat?

***

Du bist nur so wie du bist du.

***

Wir Menschen sind nur
in einer größeren Wirklichkeit zu
verstehen als der unseres Universums.

***

In Wahrheit sind wir alle gleich,
nur nicht wirklich.

***

Bei allem, was wir nicht können,
eines können wir gut,
mit dem klarkommen, was wir nicht
können.

***

Umweltschutz: Wie können wir uns
noch besser vor unserer Umwelt
schützen?

***

Das Interessanteste an unserer Welt
sind wir selbst.

***

Kinder können vorgezeichnet ausmalen.

***

Wettkämpfe verliefen interessanter,
wäre immer der Dritte Sieger.

***

Meist wird die Wahrheit gelogen.

***

Einkaufen ist wie Boxen: Erst lässt man
sich einiges bieten, dann schlägt man zu.

***

Heute muss ich nicht ich sein,
heute kann ich mal sein, was ich will.

***

Von einer Andacht
ist auch nur Angedachtes zu erwarten.

***

Ich werde Börsenmakler,
das hab´ ich, was ich weiß.

***

Je vertrauter es dir ist,
desto komischer kommt es mir vor.

***

Ein erweiterter Horizont
lässt sich nicht mehr reparieren.

***

Vom Tod ist vor allem das Sterben
bekannt.

***

Wir wollen Frauen ohne Hülle und
Fülle!

***

Lasst uns solange reden,
bis wir alle verschiedener Meinung sind!

***

Kollektive machen uns schutzlos
gegenüber ihren Mitgliedern.

***

Wir bleiben bei unseren Irrtümern,
sie sind so praktisch und denken sich
gut!

***

Zwei Brüste wohnen, ach, in meiner
Seele!

***

Kernthemen spalten die Gesellschaft
nur.
Was wir brauchen, sind erneuerbare
und nachhaltige Probleme!

***

Grundlage jeder Wahrheit
ist ihre Übereinstimmung mit sich
selbst.

***

Für Gott wurden bereits mehrere
Patente angemeldet.

***

Wer zahlt die Zeche, wenn jemand die
Realität in Rechnung stellt?

***

Wenn man schon kein Geld hat,
dann am besten
in einer schwachen Währung.

***

Kleine Geister gehen in der Masse auf,
große unter.

***

So unverschämt, wie uns Dinge früher
vorenthalten wurden,
so werden sie uns heute aufgedrängt.

***

Wir wollen andere nicht kennen lernen,
sondern von ihnen kennen gelernt
werden.

***

Noch in den Details des Tadels
suchen wir nach Lob.

***

Meine Träume warnen mich
vor den Illusionen des Wachseins.

***

Manche Einladungen
sind echte Hereinforderungen.

***

Es ist unser erstes Leben,
drum üben wir noch.

***

Rein instinktiv verlassen wir uns
manchmal nicht auf unsere Instinkte.

***

Unsere Prinzipien sind die Regel,
von denen unser Handeln die Ausnahme
ist.

***

Wer sich gut kennt,
hat sich viel zu verschweigen.

***

Unsere Abhängigkeit von der
Unabhängigkeit nimmt zu.

***

Fehler vermeiden zu wollen, ist ein Fehler,
den man vermeiden sollte.

***

Aphorismen sind Ausgleichsentladungen
zwischen Möglichkeit und Wahrheit.

***

Wirkliche Liebe ist bedienungslos.

***

Nicht immer ist Schweigen
nicht der Rede wert.

***

Geld ist kein Selbstzweck,
man braucht es zum Reichsein.

***

Manch Ehepartner erweist sich als
umgeschriebenes Blatt.

***

Erst hat Gott uns und dann sich selbst
aus dem Staub gemacht.

***

Dass man etwas vergleichen kann,
heißt noch lange nicht,
dass man es auch vergleichen kann.

***

Noch ist uns Gott mit uns ein Stück
voraus.

***

Gott wollte, dass wir handeln,
so wurden wir Händler.

***

Wir haben für die Freiheit gekämpft,
nicht mehr wählen zu müssen.

***

Wenn Lösungen nichts nützen,
helfen nur noch Konzentrate.

***

Nur wer etwas nicht verstanden hat,
kann sich so ausdrücken,
dass es auch die anderen nicht verstehen.

***

Was, wenn fremdartige Menschen
plötzlich fremdfrech werden?

***

Unsere Religionen verwundern Gott.

***

Es gibt keine Heimat, nur
Metamorphosen, an die wir uns
gewöhnt haben.

***

Wenn wir wüssten, was kommt, käme alles anders, so dass wir wieder nicht wüssten, was kommt.

***

Manchmal ist es gar nicht so einfach, sich selbst von der eigenen Meinung zu überzeugen.

***

Wenn die Liebe gegangen ist,
sieht man, wen man alles vor sich hatte.

***

Wer mit der eigenen Frau fremd geht,
sollte ihr nichts davon verraten.

***

Die Linke ist schwer von KP.

***

Lernen heißt Fehler zu verlernen.

***

Menschen sind weniger gleich als selbst.

***

Manchmal leuchtet uns Dunkelheit ein.

***

Das Kreuz verstellt uns den Blick
auf den unsichtbaren Gott.

***

Männer sind voll unnütz.

***

Standpunkte kann man (nur)
auf der Stelle wechseln.

***

Eine solche Lösung
habe ich nicht zu wagen gehofft!

***

Verstehen kann man nur alles auf einmal,
wissen nacheinander.

***

Nur, wenn die Steine an der falschen
Stelle liegen, können wir
die richtigen Schritte üben.

***

Jetzt wollen die Generäle
den Weltfrieden in Angriff nehmen.

***

Ein normaler Alltag
ist schon ganz etwas Besonderes.

***

Mit der Zeugung kommen wir in die
Welt,
mit der Geburt auf sie.

***

Geneigte Worte sind rutschig.

***

Gottes Form ist unwesentlich.

***

Keiner will mehr selbst Fragen stellen,
alle nur noch Antworten auswählen.

***

Wenn mir ein Dummer dumm kommt,
kann ich damit leben.

***

Richtige Vergangenheit ist es erst,
wenn sich niemand mehr daran erinnert.

***

Bevor man sich eine abschließende
Meinung bildet, sollte man es mit einer
abschließbaren versuchen.

***

Dschungel lassen sich einfacher erklären,
wenn man sie vorher rodet.

***

Keiner will etwas von mir,
alle wollen nur was von mir!

***

Wenn man die richtigen Fragen hat,
können die Antworten ruhig falsch sein.

***

Nur in den eigenen vierundzwanzig
Wänden
fühlen wir uns richtig wohl.

***

Religion entsteht
durch das Anhimmeln des Kosmos.

***

Ignorieren kann man jemanden
nur in dessen unmittelbarer Nähe.

***

Unsere Gedanken kommen
gegen die Sprache nicht an.

***

Nichts ist für die Ewigkeit, Sein nicht.

***

Ausruhen ist auch nicht
anstrengender als Arbeit.

***

Das Leben geht immer weiter,
manchmal weiter als man denkt.

***

Die besten Freunde halten nur zu einem,
wenn man Fehler macht.

***

Schönheitskönigin wird man ohne
Ansehen der Persönlichkeit.

***

Wir urteilen über die Welt vom
Wohlstandpunkt aus.

***

Der eine bildet sich Urteile,
der andere fällt sie.

***

Liberale Demokratie ist eine primitive
Frühform zivilisierten Zusammenlebens.

***

Ärzte behandeln alle Patienten gleich,
nur nicht gleich.

***

Man kann in der Wahrheit leben,
aber schöner ist es in der Wirklichkeit.

***

Gott handelt in Gedanken
und denkt in Taten.

***

Vergessene Worte stellen sich oft nur
tot.

***

Objektivität kann Fehler machen,
in der Phantasie muss alles stimmen.

***

Man sieht es den Menschen nicht an,
ob man es ihnen ansieht.

***

Nicht nur in der Diktatur, auch in der
Demokratie sind Änderungen möglich.

***

Siege sind frei konvertierbar,
Niederlagen nicht.

***

Wahrheiten richten viele Lügen an.

***

Wer ständig Fehler macht,
sollte versuchen, davon zu leben.

***

Dem Verlierer
bleibt ein gewinnendes Lächeln.

***

Ehrliche Menschen spielen keine Rolle.

***

Am Ziel ist der nächste Start das Ziel.

***

Ohne Fehler macht man alles falsch.

***

Nur Optimisten sind an Neuigkeiten interessiert.

***

Dass nicht alles gut war,
ist so schlecht nicht gewesen.

***

Pilze an der toten Eiche –
eine große Portion haben sie sich
aufgetan.

***

Tanzen ist wie Erkenntnis,
man dreht sich im Kreis.

***

Sieger sind von allen die Bestien.

***

Dem dreifaltigen Gott
folgen einfältige Menschen.

***

Wer sich selbst auf die Spur kommt,
ist im Kreis gelaufen.

***

Das Gegenteil von vorschnell ist schnell.

***

Beweise sind unglaubnötig.

***

Wer sich noch erreichen will,
muss sich sputen.

***

Freiheit heißt,
wir dürfen nicht zurück in den Käfig.

***

Die Leute interessiert vor allem
der Schnee von heute.

***

Wer ganz neu anfangen will,
hat ständig zu tun.

***

Gezieltes Nachdenken
trifft ohne Übung nicht.

***

Das eigentliche Ziel
verbirgt sich im Grund für den Start.

***

Atheisten glauben mehr als sie wissen.

***

Bei genauerem Wegsehen
ist das Elend gar nicht so groß.

***

Unfreiheit fängt damit an,
das man den Kopf nicht frei bekommt.

***

Heute lebt die Masse ihre Dummheit
aus,
früher war dies ein Privileg der Reichen.

***

Ich könnte mich nicht mit mir vertragen,
es sei denn, einer von uns würde sich
ändern.

***

Einige Anzeigen gehören angezeigt.

***

Ein Krieg würde mich doch sehr
verwunden.

***

Hass wird in seiner Wirksamkeit
nur durch Wut geschmälert.

***

Im Fernsehen wird angesagt,
was gerade angesagt ist.

***

Die Milchstraße ist die einzige Galaxie,
die wir nicht von außen betrachten
können

***

Nur wer etwas versteht, kann sich irren.

***

Gott hat uns das Fühlen gegeben,
damit wir nicht erst alles verstehen
müssen.

***

Wissen braucht Nähe, Verstehen
Distanz.

***

Alles Wichtige findet nebenbei statt.

***

Gott entscheidet sich nicht,
er kreiert alle Varianten.

***

Die Wege des Herrn sind
gründlich erforscht.

***

Es ist die Trägheit,
die uns am Halten hindert.

***

Wir sollten versuchen,
das Militär in die Reserve zu locken.

***

Unter Emanzen
gibt es jede Menge Herdliner.

***

Aktionskünstler trifft man meist
bei kulturellen Verunstaltungen.

***

Viele Rentner sind nicht reif, eher
überlagert.

***

Ein starker Wille macht sich seine
Schwächen zu Partnern.

***

Wenn wir fünf Kilo abnehmen,
müssen wir die nicht beerdigen?

***

Je genauer wir uns irren,
desto klüger finden uns die Dummen.

***

Besser mit Anstand
als mit Abstand der Beste.

***

Es macht Spaß, von der Pfadheit der
Tugend abzuweichen.

***

Deus absconditus:
Gott glänzt durch Abwesenheit.

***

Beim Arbeitsamt
zieht jeder eine Nummer ab.

***

Journalisten haben nicht die leiseste
Ahnung,
eher die lauteste.

***

Bei Politikern muss man warten,
bis sich ihre Akzente gesetzt haben.

***

Das Leben entwickelt sich gleichzeitig
aus verschiedenen Richtungen auf uns
zu.

***

Man lehrt die Jugend Tugend,
um sie von noch mehr Tugend
abzuhalten.

***

Wer sich seine Zeit einteilt, sollte ein
paar schöne Stücke für den Schluss
aufheben.

***

Erkenntnis
funktioniert auch in die andere
Richtung.

***

Auf der Flucht vor sich selbst schmilzt
der Vorsprung schnell.

***

Wer mit der Erkenntnis am Ende ist,
kann nicht mehr zurück.

***

Mit jedem neuen Tag
geraten wir tiefer in die Vergangenheit.

***

Nur wer viel liest,
hat genügend Stoff zum Vergessen.

***

Unfähige werden bei gleicher Eignung
bevorzugt.

***

Manch einer hat sowenig Erinnerungen,
dass sich nicht einmal das Vergessen
lohnt.

***

Wenn die Gegebenheiten nichts
hergeben,
bieten sich Genommenheiten an.

***

Den größten Teil meiner Meinung
verstehe ich überhaupt nicht.

***

Im Sport sollte der Sieg das Ziel sein,
nicht die Niederlage des Gegners.

***

Bevor sie dich kaputt machen,
nimm dich lieber ganz zurück.

***

Schweigen wird öfter gebogen
als gebrochen.

***

An der Erde führt kein Weg vorbei.

***

Die Wirklichkeit ist viel zu schön,
um wahr zu sein.

***

Regelmäßigkeit bringt das Leben
völlig aus dem Rhythmus.

***

Auf der schiefen Bahn
kommt man schneller aufwärts.

***

Man reist,
um andere Gegenden in sich zu
entdecken.

***

Sackgassen führen schneller zum
Ergebnis.

***

Wenn du nichts zu tun hast,
mach es bitte nicht bei mir!

***

Alles Versuche,
dem Dasein lebendig zu entkommen.

***

Freudensprünge sind
eine der bemerkenswertesten
Bewegungsformen der Materie.

***

Auf der Erden kann es kein Heimweh
geben,
wir sind zuhause!

***

Ich gehöre nicht zu dir;
es reicht, wenn du zu mir gehörst.

***

Ungenaues muss man vage formulieren,
um sich möglichst genau auszudrücken.

***

Wahlen werden durch die überwältigte
Mehrheit entschieden.

***

Der Zuschauer spielt die wichtigste
Rolle.

***

Grabspruch des zerfetzten Soldaten:
Ich war ein ganzer Kerl.

***

Visionen der Generäle: Divisionen.

***

Wir wissen, wie man zur Welt kommt,
aber nicht, wie zurück.

***

Bei heißen Themen dreht man die
Worte besser oft im Munde um.

***

Eliten erkennen sich nur gegenseitig,
die Masse erkennt jeder.

***

Die Klarheit der Formel wird nur von
der Mehrdeutigkeit der Metapher
übertroffen.

***

Bevor es gilt,
muss es zur Geltung gebracht werden.

***

Festvorträge
sind ohne Flüssigkeit ungenießbar.

***

Wir müssen uns von etwas aus denken,
das wir von uns aus nicht denken
können.

***

Männer sind so stark
wie ihr schwächstes Glied.

***

Taten sind ehrlicher als Worte.

***

Überlegen ist,
wer nicht lange überlegen muss.

***

Eine gute Billigreise
kann man sich ruhig etwas kosten lassen.

***

Ohne Wahrheiten verliert man sich
in der Wirklichkeit.

***

Lasst uns gegen die Entropie anlieben!

***

Niemand kann dich etwas lehren,
ohne die Erfahrung, die du mit ihm
machst.

***

Schwierige Probleme lassen sich
nur mit Leichtigkeit lösen.

***

Ich sehe das ein ganz klein wenig
entgegengesetzt.

***

Menschen und Banker
stammen von den selben Vorfahren ab.

***

Unsere Zukunft ist nur ein Bruchteil
späterer Vergangenheit.

***

Wir müssen lernen, mit dem Scherz zu leben.

***

Wir können die Welt vor allem
deswegen schlecht erklären, weil sie
unseren Versuch ihrer Erklärung
einschließt.

***

Was am Ende allein zählt,
sind unterlassene Taten.

***

Zum Glück müssen wir
nicht immer glücklich sein.

***

Undiskutierte Meinungen sind
klein, rund und stabil.

***

Urteilsfreie Meinungen liegen voll im
Trend.

***

Dass es unnütz ist, macht vieles erst
nützlich.

***

Es ist immer das gleiche:
Jedes Mal was anderes!

***

Eine Weile
ist das richtige Maß für uns Menschen.

Schweigen besteht aus ungleich großen Mengen dessen, was man verschweigt.

***

Wir verteidigen,
wen wir gern allein kritisieren.

***

Wer sich gefangen hat,
kann entlassen werden.

***

Wir bilden uns eine Meinung ein.

***

Wenn dir kein Vertrauen entgegengebracht wird, musst du es dir holen.

***

Am liebsten bleibe ich ganz weit hier.

***

Das Verleugnen verbirgt sich
oft im Schweigen.

***

Das Wichtige wäre ohne Unwichtiges
unerträglich.

***

Unsere starken Seiten beschreiben wir,
die dünnen nehmen wir zum
Einwickeln.

***

Wir versuchen, uns die Änderung als
Bleiben einzurichten.

***

Ich glaube nicht an die Wirklichkeit,
sie kommt mir völlig unrealistisch vor.

***

Sicher sind wir im Unrecht.
Nur unsicher könnten wir Recht haben.

***

Viele macht man sich erst zum Feind,
weil man sie für Feinde hält.

***

Siege verlieren sich.

***

Gleiches Handeln in verschiedenen Situationen ist unterschiedliches Handeln.

***

Was ohne Anfang ist, findet kein Ende.

***

Es braucht Kraft,
seine Stärken nicht zu zeigen.

***

Morgens wache ich ein
und verträume den Tag.

***

Wenn wir den Schmerz verbannen,
schwindet auch das Glück.

***

Unter Hitler war das Wetter oft besser.

***

Atheismus ist unbegründeter
Optimismus.

***

Die einen suchen ihren Platz im Leben,
die anderen nach der richtigen
Bewegung.

***

Meinungen sollten so überschaubar sein,
dass man sie sich wenigstens eine Weile
merken kann.

***

Vor dem Extrapolieren
werden die Daten extra poliert.

***

Über denselben Gedanken
macht sich jeder eine andere
Wirklichkeit.

***

Bei wichtigen Dingen braucht man
Fragen,
sonst reichen Antworten.

***

Reichtum kann man sich ersparen.

***

Mit wachsender Erkenntnis nimmt
unsere Dummheit immer differenzierte
Formen an.

***

Wer Erfahrungen sammelt,
muss aussortieren.

***

Ich bin zu schwach für mich.

***

Mehr noch als vor dem Bösen
schützt Moral vor dem, was echt gut ist.

***

Es versteht dich nur,
wer sich dadurch selbst versteht.

***

In jedem Augenblick des Lebens
entscheidet sich alles Weitere.

***

Orden werden nur verliehen.

***

Um Niederlagen zu vermeiden,
reicht Stärke,
für Siege braucht man auch noch Glück.

***

Der Tod ist nichts, was kommt;
wir sind etwas, das geht.

***

Zivilisation entsteht durch das tolerante
Missverständnis aller Irrenden
untereinander.

***

Unser Denken kann unsere
Stimmungen nicht überstimmen,
höchstens überdenken.

***

Lieber auf schlechten Wegen ins Glück,
als auf dem besten Weg ins Verderben.

***

Es gibt ganz schlimme Sachen,
die wirklich gut sind.

***

Ein Sieg bewirkt vor allem
jede Menge Niederlagen.

***

Wer ehrlich bleiben will,
muss gut lügen können.

***

Dieser Sieg
ist ja nicht unsere erste Niederlage!

***

Was verbirgt sich hinter der
Enttarnung?

***

Sei bitte mit den anderen,
damit ich gegen dich gewinnen kann!

***

Ehrfurcht ist auch nur Furcht.

***

Bei Prüfungen werden wir sachlich
beurteilt,
nicht menschlich.

***

Sieger nutzen ihre Schwächen als
Stärken.

***

Wenn alle Antworten wahr scheinen,
steckt die Lüge vielleicht in den Fragen.

***

Wer verstehen will, muss sich ständig
mit Dingen befassen, die er nicht
versteht.

***

Je schwerer das eigene Gewicht ist,
desto leichter lässt es sich halten.

***

Manches ist ganz einfach schwierig.

***

Die kleinste Form der Selbstjustiz:
Selbstgerechtigkeit.

***

Ziel der Erkenntnis ist es,
sich genauer zu irren.

***

Unser Denken
ist nur zur Mitte hin begrenzt.

***

Denkmüde legen sich fest.

***

Die an dich glauben, wissen es nicht besser.

***

Moralisten lügen besser;
sie haben auch mehr Grund dazu.

***

Cleverness hilft nur gegenüber noch Dümmeren.

***

Meinungen rekrutieren sich leichter aus anderen Meinungen als aus Tatsachen.

***

Moral erlahmt
ohne demoralisierende Einflüsse.

***

Nach Safer Sex kommt nun das Ende
ungeschützten Denkens.

***

Manchmal vertraut man sich völlig in
jemandem.

***

Vor allem, wenn wir ehrlich sind, irren
wir;
und vor allem, wenn wie ehrlich sind,
irren wir.

***

Menschen sind nacktaktiv.

***

Mit Unterforderung ist ein gescheiter
Mensch schnell überfordert.

***

Wahrheiten und Horizonte lösen sich bei genauerer Betrachtung auf.

***

Geschichten sind oft authentischer als es die Wirklichkeit war.

***

Der Wirklichkeit ist es egal, ob wir sie akzeptieren, der Wahrheit nicht.

***

Tote sind ihrer Zeit weit voraus.

***

Gott kennt sich aus mit Gläubigerversammlungen.

***

Das Leben: Tanz in allen Seelen.

***

Die anderen denken von dir,
was gerade zu ihnen passt.

***

Der Tod liegt nicht in unserer Zukunft,
wir treten seitlich aus der Reihe.

***

Besser das Leben meistern
als ewig herumdoktern.

***

Vor Mut aus Wut sei auf der Hut.

***

Ein verschwiegener Gedanke
verschwindet unbemerkt, eine
verschwiegene Tat wirkt weiter.

***

Wer einen Irrtum erkennt,
ersetzt ihn durch einen unerkannten.

***

Der Bürokrat erinnert sich nicht,
er hatte einen Aussitzer.

***

Wir sehen die Natur so,
wie sie von uns gesehen werden will.

***

Die Fehler der Eltern
erben die Kinder schon zu Lebzeiten.

***

Wer sich nicht beschwert, lebt leichter.

***

Bei der Arbeit erholen wir uns
vom Zwang effektiver Entspannung.

***

Neue Pauschalreiseangebot:
Gezielt auf Abwege geraten.

***

Ideologien konfusionieren
unterschiedliche Irrtümer.

***

Wer heutzutage auf achtzig ist,
behindert den Verkehr.

***

Es heißt Ratschlag, nicht Ratstreicheln.

***

Viele Geheimnisse sind
ausgesprochen uninteressant.

***

Unsere Zukunft gilt nur heute,
morgen haben wir eine neue.

***

Unglück ist vorprogrammiert,
wenn man sein Leben auf Glück
aufbaut.

***

Immer mehr Globetrottel sind auf der Suche
nach den letzten Ecken unseres Erdballs.

***

Wer mit sich selbst kämpft, verliert,
wenn er gewinnt.

***

Spezialität vieler Gutachter: Bösachten.

***

Wer nichts dafür konnte,
war noch lange nicht dagegen.

***

Wir sind erst glücklich,
wenn wir wissen, dass wir es sind.

***

Irgendwann spielt es keine Rolle mehr,
ob es eine Rolle spielt.

***

Erlass dir am besten,
was du dir schuldig geblieben bist!

***

Wenn du dich gehen lässt, geh einfach
mit!

***

Wir sehen die Menschen vor lauter
Menschheit nicht mehr.

***

Ich mache lieber das andere nach dem
einen.

***

Das schmeckt ja gut!
Was ist denn da alles nicht drin?

***

Verstehen ist ein Prozess ohne Anklage.

***

Am Ende weiß man immer noch nichts, aber man versteht besser, damit umzugehen.

***

Nur auf der Kippe kann man ins Gleichgewicht kommen.

***

Wohlstand: Glücksfalle für Deutschland.

***

Am Ende einer Sackgasse
finden sich die meisten Kneipen.

***

Ideale werden mehr und mehr
durch gute Gründe ersetzt.

***

Der Mensch ist von Natur aus
unnatürlich.

***

Wirklichkeit ist reduzierte Möglichkeit.

***

Wer sein Bestes gibt, kriegt es selten
zurück.

***

Angeklagte haben mit Vorurteilen zu
kämpfen, Vorbestrafte mit Nachurteilen.

***

Problematischer als Gleichgültige
sind Ungültige.

***

Verschweigen mündet ins Vergessen.

***

Das Gegenteil der Wahrheit
ist eine andere Wahrheit.

***

Lichtblicke blenden zunächst.

***

Im Naturschauspiel
spielt nur der Mensch eine Rolle.

***

Es dauert Jahre,
ehe man die Eltern klein hat.

***

Wer in der Realität ankommt, ist der
Wahrheit weit voraus.

***

Ständig verändern zufällige
Nichtbegegnungen unser Leben.

***

In welcher Wirklichkeit wir zu leben
meinen,
hängt von unseren Wahrheiten ab.

***

Dem Erfolglosen stehen alle Türen
hinter sich offen.

***

Echte Geheimnisse ahnt man nicht
einmal.

***

Wenn alle im Dorf dieselbe Partei wählen,
ist es vorbei mit dem Wahlgeheimnis.

***

Extreme Freundlichkeit
ist eine Form von Extremismus.

***

Männer ziehen beim Sex nur ihr Ding durch.

***

Bei geteilter Meinung gibt es oft Streit
über den besseren Teil.

***

Keine Diskussion!
Meine Meinung dazu steckt fest!

***

Für viele Aufgaben
sind Schlechtere besser geeignet.

***

Liebe entbindet uns von belastender
Verantwortungslosigkeit.

***

Stille definiert sich
durch die Art fehlender Geräusche.

***

Oft ist nicht falsch, was man sagt,
sondern dass man es sagt.

***

Angeber machen falsche Angaben.

***

Nach all dem Stress
mal wieder richtig abwarten!

***

Gemischte Gefühle
enthalten zu viele Gedanken.

***

Erklären können wir es nicht so gut,
aber umso besser formulieren.

***

Einen Eindruck, den man einmal
erweckt hat, wird man so schnell nicht
wieder los.

***

Hauptmerkmal jedes Irrtums:
Man erkennt ihn selbst nicht.

***

Es gibt Situationen,
da hilft nur keine Lösung.

***

Manches Vorurteil ist entschieden zu
positiv.

***

Meine rechte Hirnhälfte ist undicht,
es tröpfelt Aphorismen.

***

Es ist unmöglich, in Worte zu fassen,
was sich ohne Sprache alles denken lässt.

***

Klare Gedanken verdünnen unsere
Gefühle.

***

Egal, ob das Glas halbvoll oder halbleer
ist,
Hauptsache ist doch,
dass überhaupt noch was drin ist.

***

Nach dem Parteitag
landet alles in der Redentonne.

***

Viele Schweigen stehen leer.

***

Kinder spielen ernsthaft,
Erwachsene ernsthaft zu sein.

***

Wir kennen nicht mal
die Gegend bis zum Horizont.

***

Gedanken gehen schneller konform
als Taten.

***

Dick ist man erst, wenn es nicht mehr
hilft, den Bauch einzuziehen.

***

Im kleinen Herbst fallen die
Blütenblätter.

***

Die vielen Wahrheiten hinterlassen
Kratzer an der Wirklichkeit.

***

Pragmatiker vermuten hinter jeder Idee
ein Interesse, Intellektuelle hinter jedem
Interesse eine Idee.

***

Eine gesättigte Gesellschaft
löst keine Probleme mehr.

***

Wir suchen nicht mehr nach Erkenntnis,
sondern nach Sätzen, die uns gut stehen.

***

Jetzt vernünftig zu sein,
wäre wirklich unvernünftig!

***

Mit zunehmenden Wahlmöglichkeiten
verringert sich unser Wahlvermögen.

***

Die wenigsten Antworten
überlegt man sich erst nach der Frage.

***

Zu sich findet man oft,
wenn man gerade nicht sucht.

***

Den Unterschied zwischen Leben und Tod
können Lebende schlecht beurteilen.

***

Nach dem Lied des Waldes
tanzen bedächtig die Bäume.

***

Nichtsein heißt,
gerade keinen Augenblick zu haben.

***

Wenn wir Gott auf die Spur kommen,
wechselt er einfach die Transzendenz.

***

Der Vorteil des Alters:
Man muss nicht mehr so viel planen.

***

Richte dich im Warten ein,
es könnte die Erfüllung sein.

***

Architekten des Geistes
sind Meister des Rückbaus.

***

Wenn alle halbwegs fahren,
stößt keiner zusammen.

***

Die einen sammeln Erfahrungen,
die anderen erjagen sie.

***

Bei all den Veränderungen
wirkt unsere Schuld stabilisierend.

***

Der Irrtum fängt damit an,
dass wir die Wirklichkeit nur
wahrnehmen.

***

Wer sich für geeignet hält,
ist prinzipiell ungeeignet.

***

Wem die Hälfte reicht,
der ist doppelt zufrieden.

***

Am vollsten lässt es sich aus nichts schöpfen.

***

Das Leben ist besser dafür geeignet, Dinge zu beginnen als sie zu vollenden.

***

Interessante Sätze sind wie Jalousien vor erleuchteten Fenstern.

***

Wir möchten zwar gebraucht werden, lassen uns aber ungern gebrauchen.

***

Wer das Böse aus der Welt schaffen will, benötigt ein sicheres Endlager.

***

Gut, dass wir nicht wissen, was die anderen sehen, wenn sie uns anschauen.

Die Welt steht uns offen, nicht zu.

***

Beim Kampf trifft man den anderen am besten in der Mitte.

***

Auch Fragen kommen als Antworten in Frage.

***

Für durchdachte Meinungen reicht unser Hirn nicht.

***

Bei angemessener Entlohnung wird eng Maß genommen.

***

Verheiratete Männer sehen oft so aus, wie Frauen sich Männer wünschen.

***

Der Wille ist ohne Moral,
er folgt auch der Lüge.

***

Eine begründete Meinung
stärkt auch die Gegenmeinung.

***

Geblieben sind uns Waffelschmieden.

***

Mystik lässt uns das Ende des
Verstehens
wie ein Anfang erscheinen.

***

Der Tod erweitert unseren Horizont
auf schwer nachvollziehbare Weise.

***

Wunden gibt es immer wieder.

***

Die Sonne geht auf in ihrer Aufgabe.

***

Kluge Egoisten sind altruistisch – wegen der vielen Vorteile.

***

Kurz hinter der Diskussionslinie graben wir uns in der Wahrheit ein.

***

Aphorismen sind keine Bausteine, eher Bauschutt.

***

Das Ganze ist nur die eine Seite.

***

Direktor wird man,
um nicht mehr rechthaben zu müssen.

***

Lass dir nicht vorschreiben,
was deine Freiheit ist!

***

An der Wirklichkeit interessiert uns
alles Mögliche.

***

Die Verhältnisse ändern sich,
wenn sich unser Verhältnis dazu ändert.

***

Naturgesetze kennen nur Urteile,
keine Anklage.

***

In der Mode ist die Wirkung die
Ursache.

***

Nur wer beteiligt ist,
kann unbeteiligt tun.

***

Im Lauf der Jahre nimmt die Zahl der
Beendigungen beständig zu.

***

Die öffentliche Meinung wird von
Untellektuellen geprägt.

***

Aus den Bewohnern des Landes werden
immer mehr Benutzer.

***

Starke Gefühle
sollten wir uns nicht verdenken.

***

Wirklichkeit ist verdünntes Nichts.

***

Je stärker das Teleskop,
desto deutlicher erkennen wir nichts.

***

Um nicht überflüssig zu werden,
denken Philosophen nichts zu ende.

***

Die Zeichen stehen auf Fön.

***

Erfolg haben zu wollen,
verhindert ihn nicht immer.

***

Wie stellen unseren Scheffel unter das Licht.

***

Den ganzen Menschen erkennt man erst, wenn er kaputt ist.

***

Wir sind nur eine von verschiedenen Meinungen der Natur über sich.

***

Wer Ruhe gefunden hat, sollte still genießen.

***

Schicke Holzmöbel aus ökonomisch nachhaltigem Abbau.

***

Mit der Natur
kann man nur im Vielklang leben.

***

Wer sich zu weit entfernt,
findet bis zum Tod nicht zurück.

***

Aus Unmöglichem kann bestenfalls
Unwirkliches werden.

***

Einfache Gedanken lieben
Konsequenzen.

***

Was zu uns passt, steht uns oft nicht.

***

Wer keine Rolle spielt, kann er selbst
sein.

***

Für arme Schweine
wirken manche Drohungen wie
Angebote.

***

Man gibt nicht auf,
wenn es dadurch noch schwerer wird.

***

Was du denkst, spielt nicht einmal keine Rolle; nur was du tust, spielt keine Rolle.

***

Früher hat man sich die Hoffnungen noch selbst gemacht.

***

Es gibt nichts, worüber ich nicht längst vermieden hätte, nachzudenken.

***

Alles begann in Vollendung.

***

Jede Fahne hängt nach dem Wind.

***

Alles ist anders als wir denken,
es ist aber auch anders als wir nicht
denken.

***

Die extremste Form der Freiheit
ist der freie Fall.

***

Atheisten unterscheiden sich darin,
an welchen Gott sie nicht glauben.

***

Solange alles unklar ist,
scheint alles klar zu sein.

***

Im Tun gibt es stärkere Unterschiede
als beim Reden.

***

Ich bin süchtig
nach dem Gedankenauftrieb bei
Einsamkeit.

***

Auf Anhieb fällen wir ein Urteil.
Aufforsten dauert länger.

***

Wenn der Geduldsfaden reißt,
hat man zwei halbe Gedülder.

***

Zur Erkenntnis muss man sich
hocharbeiten,
in eine Ideologie lässt man sich fallen.

***

Was, wenn Leute unsere Meinung
teilen,
deren Meinung wir nicht teilen?

***

Die Meinung fällt
mit dem Kopf in den Korb.

***

Irgendwann werden wir es nicht mehr
gewesen sein.

***

Geradlinige Menschen scheitern schon
an der ersten Kurve.

***

Die besten Meinungen sind ungenau.

***

Ich biete meine Dienste an,
euer Meister zu sein.

***

Typisch deutsche Übersetzung:
Aus „okay" wird „in Ordnung".

***

Wer Fehler einräumen will,
muss vorher Missverständnisse
ausräumen.

***

Besser, es passt noch ein Blatt
dazwischen.

***

Mit meiner Geburt
hatte ich gar nicht mehr gerechnet.

***

Gut ist schlechter als besser.

***

Die schwierigsten Gegner des Mannes
sind die Ideale der Frauen.

***

Nur abgestorbene Gefühle
lassen sich gedanklich sortieren.

***

Wir können nur das nicht wissen wollen,
was wir schon wissen.

***

Keiner ordnet sich gern in ein Schema
ein, das er überblickt.

***

Es gibt nur keine Wahrheit oder Lüge.

***

Wer sich fängt, kommt frei.

***

Meine besten Fragen
tausche ich nicht in Antworten ein.

***

Vorsicht vor dem Großgedruckten!

***

Das Potential der Gleichgültigkeit
ist fast so explosiv wie das der Wut.

***

Die größten Irrtümer
sind auch die schönsten.

***

Ich hatte Angst bis zum Schluss, zum
Glück.

***

Fürchte dich nicht vor dem Tod,
denn sie werden ihre Mützen abnehmen.

***

Im Krieg verschieben sich auch unsere
inneren Grenzen.

***

Man täuscht sich öfter als andere.

***

Die Wirklichkeit kann man nicht wissen,
nur erleben.

***

Ein guter Maler zeichnet sie frühzeitig
ab.

***

Man spart eine Menge Arbeit, wenn
man zu Ende bringt, was andere
angefangen haben.

***

Das Unmögliche ist manchmal
wirklicher
als das Wahre.

***

Ernste Menschen machen sich
über Witze lustig.

***

Mich würde mal meine Meinung von
ihnen dazu interessieren.

***

Es ist egal, ob es stimmt;
Hauptsache es funktioniert!

***

Atheisten leben vom Glaubensabfall.

***

Wir verschweigen gern einiges,
der Unvollständigkeit halber.

***

Die meisten wollen nicht wissen,
wie es wirklich war,
ihnen reicht die Wahrheit.

***

Alles, was von Gott kommt,
tut man aus eigener Kraft.

***

In dem sich Kreise schließen,
öffnen sich Horizonte.

***

Alles Ewige ist einmalig.

***

Weil alle Wirklichkeit nicht auf einmal in
einen Raum passt, schuf Gott die Zeit.

***

Militärs können nur eines gut erklären,
den Krieg.

***

Meine Chef gegenüber empfinde ich
eine ziemlich tiefe Hochachtung.

***

Abgetriebene halten das, was war,
für ihr Leben.

***

Nur selten führt eine Tür hinaus ins
Innere.

***

In der Nacht nutzen unsere Gefühle
das Hirn zum Üben.

***

Ausnahmen regeln sich von selbst.

***

Erst nimmt man Dinge in Angriff,
dann verteidigt man sie.

***

Die Freiheit hatte in Deutschland nur
eine Chance, weil freedom wie Frieden
klingt.

***

Unser Ich ist die interessanteste
aller Fiktionen.

***

Gott sorgt sich um alles,
auch um die Waffen deiner Feinde.

***

In der Vergangenheit
dauerte die Zukunft viel länger.

***

Lügen sind Abweichungen von einer
Wahrheit, nicht von der Wirklichkeit.

***

Gott hat uns so konstruiert, dass wir
Selbstgespräche mit ihm führen können.

***

Recken verrecken irgendwann,
Sieger versiegen.

***

Vor allem bei Frauen beweist die Natur
ihren guten Geschmack.

***

Ein gemeinsamer Irrtum verbindet mehr
als hundert geteilte Wahrheiten.

***

Das stellt sich mir aus meiner Sucht
ganz anders dar.

***

Ein Clown sammelt besondere
Augenblicke, der Idiot alle.

***

Wer nichts Positives erwartet,
freut sich, wenn gar nichts passiert.

***

Wie kann man sich besser ein Urteil
über Hunger bilden, satt oder hungrig?

***

Der Höhepunkt unseres Lebens
ist die Geburt.

***

Vor Gericht geht es oft darum,
Unrecht zu behalten.

***

Der Mensch ist gottunmittelbar.

***

Zum Glück fragt mich leider keiner.

***

Wenn ich dran glaube, hilft es mir; aber
nicht, wenn ich weiß, dass es mir nur
deswegen hilft, weil ich dran glaube.

***

Er ist für uns gestorben;
damit ist er für uns gestorben.

***

Ohne unser Verstehen
wäre die Welt leichter zu verstehen.

***

Männer sind nicht stärker als Frauen,
trotzdem sind Frauen schwächer als Männer.

***

Die schönste Form der Entropie ist,
wenn ein Tropfen ins Wasser fällt.

***

Alles Wirkliche ist möglich gewesen.

***

Die neuesten Weltreligionen sind
der amerikanische Patriotismus
und die Zeitungsgläubigkeit.

***

Träume sind nicht für Wache gedacht.

***

Gesprochene Worte sollten dem Wasser
gleichen, das aus einer Tonne überläuft.

***

Viele Erfindungen sind reine
Erfindungen.

***

Man sollte spätestens ganz früh
anfangen.

***

Von innen sehe ich viel besser aus.

***

Was man wütend sagt,
ist auch dann falsch, wenn es stimmt.

***

Wahrheit lässt sich dann noch biegen,
wenn die Wirklichkeit längst zerbrochen
wäre

***

Tote sehen sich die Welt von innen an.

***

Glück ist auf Dauer anstrengender
als Unglück.

***

Die schönsten Ausnahmen von der
Regel
sind die regelmäßigen Ausnahmen.

***

Gib dem Bösen ein Gesicht,
und es lächelt dich an.

***

Wer auf den Tod zugeht,
dem kommt er entgegen.

***

Ein Talisman signalisiert die
Bereitschaft,
Glück haben zu wollen.

***

Nur wer Abnehmen will,
kann Essen richtig würdigen.

***

Weniger ist mehr oder weniger mehr.

***

Wer sich noch wundern kann,
braucht keine Wunder.

***

Stolz ist eine Aufstiegshaltung;
oben zählt sie nicht mehr.

***

Gebildete Dumme erkennt man
an ihrer Selbstsicherheit.

***

Man sollte nicht zu freundlich sein,
wenn man weiß, dass man später
unfreundlich werden muss.

***

Zum Glück hat es mich aus der Kurve
getragen. Seitdem wohne ich hier.

***

Das meiste Unwahre
ist nicht einmal gelogen.

***

Nicht nur was ist, wird gewesen sein.

***

Im Unrecht ist, wer lügen muss,
um Recht zu behalten.

***

Erfahrungen sollte man nicht sammeln,
sondern gleich benutzen.

***

Es bleibt nur etwas hängen,
wenn die Sache einen Haken hat.

***

Es geht nichts über Eigentun.

***

Besser man streitet miteinander,
als dass man sich gegeneinander
verträgt.

***

Viele Menschen wurden berühmt,
weil man Straßen nach ihnen benannt
hatte.

***

Bei schönen Frauen lohnt es sich,
ein Nachsehen zu haben.

***

Sozial inkompetent: Nicht verlogen
genug.

***

Man kann es nicht zwingen,
aber drohen kann man schon.

***

Der Sieger hat am wenigsten verloren.

***

Wenn die Pickel weg sind,
kommen die Falten.

***

Leider habe ich meine Frau
zum Glück nicht unter Kontrolle.

***

Wir lehnen Kaufhäuser geschlossen ab.

***

Wer spricht schon von den
Andersirdischen?

***

Versteh doch! Ein Mann kann nie
deine beste Freundin werden!

***

Weil die meisten es wollen, ist das noch
lange kein Grund, es nicht zu tun.

***

Das übersteigt mein
Vorstellungsvergnügen bei weitem!

***

Die Front wechseln? Lieber das
Hinterland!

***

Philosophen denken,
Handwerker machen sich Gedanken.

***

Wir wollen alle Zufälle ausschalten,
aber Gott schaltet sie immer wieder ein.

***

Mit Einbrechern
ist nicht gut Schlittschuh laufen.

***

Besser man mag den anderen wegen
als trotz seiner Fehler.

***

Mit der Beerdigung endet unser
oberflächliches Leben.

***

Aufregung legt sich mit der Zeit
und bildet Schichten der Erinnerung.

***

Ein Zungenschlag – mitten ins Gesicht.

***

Seinen Feind sollte man sich nicht zum
Gegner machen.

***

Mal sehen, was uns die Vergangenheit
in Zukunft noch alles so bringt.

***

Mit dem Erklären endet das Verstehen.

***

Zum Rückblick auf das eigene Leben
fehlt uns die zeitliche Distanz.

***

Der Agnostiker löscht seine Flamme
nicht aus, er schneidet nur den Docht
kleiner.

***

Ich glaube, es hilft, dass ich glaube, es
hilft.

***

Der Bauer erntet am Sonntag
die Gedanken der Woche.

***

Gut, wenn etwas zu wünschen übrig
bleibt.

***

Eigentlich ist es eine Fortfleischung.

***

Wahr ist eine Aussage nur,
wenn sie alle Möglichkeiten einbezieht.

***

Gäbe es die Ursache dafür, dass es uns
gibt, auch dann, wenn es uns nicht gäbe?

***

Was war, war möglich; was nicht war,
war womöglich möglich.

***

Unsere Meinung besteht zu einem
Großteil aus dem, was wir eigentlich gar
nicht wissen wollen.

***

Die Kriegsgeneration heute:
Ich will reich ins Heim!

***

Blöd, wenn man die Kurve erst kriegt,
wenn es nur noch geradeaus geht.

***

Für Dumme ist überall etwa zu hohlen.

***

Im Augenblick des Todes erreichen wir
ein Höchstmaß an Vergangenheit.

***

Die schönsten Dinge des Lebens
kosten so um die fünf Euro.

***

An dir spüre ich nicht wer ich bin.

***

Nach einem Leben ohne
Entscheidungen wird man plötzlich
nach dem letzten Willen gefragt.

***

Vorstellungsgespräche übersteigen oft
unser Verstellungsvermögen.

***

Je leichter eine Idee,
desto größer ihre Tragweite.

***

Immer ist oft nur einmal.

***

Die Wirklichkeit ist nur in Wahrheit so,
wie wir sie sehen.

***

Das Unsere ist das Andere der Anderen.

***

Die Starken setzen sich
nur dank ihrer Schwächen durch.

***

Meist ist es keine Liebe,
die auf keine Gegenliebe stößt.

***

Wunden, gefärbte Haare, trainierte
Muskeln und Silikonbrüste
werden zum Glück nicht vererbt.

***

Nichts ist unterschiedlicher als ein
Mensch.

***

Schöner als Träume
sind unerreichbare Realitäten.

***

Gott hilft dir nicht, aber es könnte dir
helfen,
dass du ihm helfen willst.

***

Was von dem, das ich richtig mache,
ist denn nun falsch?

***

Die Zukunft der Vergangenheit
hat Ähnlichkeit mit unserer Gegenwart.

***

Mode beginnt mit dem letzten Schliff.

***

Wenn der Mensch zu klug wird, kann er
damit nicht mehr vernünftig umgehen.

***

Die meisten Vorurteile entstehen erst
nach der Verurteilung.

***

Die Urform des Vorurteils ist der
Vorteil.

***

Der höchste Preis in der Kunst
ist der Verkaufspreis.

***

Der Versuchung nachzugeben ist noch
keine Entscheidung, nur ein Versuch.

***

In der Versuchung versucht man nicht,
man wird versucht.

***

Wer war der erste Mensch,
der nicht im All war?

***

Die Rede ist immer nur von den Quellen
des Wohlstands, niemand von den
Abflüssen.

***

Unendlichkeit und Ewigkeit
sind elf Seiten ein und derselben
Medaille.

***

Die Regierung produziert
einen Ausschuss nach dem anderen.

***

Angst ist weder gut, wenn man sie hat,
noch, wenn man sie nicht hat.

***

Und wer entdeckt den Ostpol?

***

Wenn du ankommen willst,
dann bleib doch einfach, wo du bist.

***

Die Orte des Ankommens
liegen nicht unbedingt vor uns.

***

Fertig sind wir spätestens
nach der Hälfte des Lebens.

***

Geheimnisse sind nur hinter einem
doppelten Schweigen sicher. Das erste
Schweigen verschweigt, was man weiß.
Das zweite Schweigen verschweigt das
Verschweigen.

***

Neu an Deutschland:
Die Gefahr hält sich in Grenzen.

***

Sieger kennen sich unter Verlierern gut
aus.

***

Nur wer sucht, findet nichts.

Selbst auf kleinen Hirnen läuft Gott
super.

***

Bevor du dir eine Meinung bildest,
überlege gut, ob du sie wirklich
brauchst.

***

Wer Macht braucht, ist an höhere
Ordnungsprinzipien nicht gewöhnt.

***

Die Ausbeute wird geringer,
die Beutel werden immer größer.

***

Was nützt eine gute Idee,
wenn die Gebrauchsanweisung fehlt.

***

Die Einstellung eines Menschen
haben in aller Regel andere
vorgenommen.

***

Nach der höchsten Erkenntnis
geht es nur noch abwärts.

***

Der Mensch hat sich in Gott offenbart.

***

Die Musik kann doch nichts für ihren
Komponisten!

***

Regeln hält man nur ein,
wenn man sie aushält.

***

Der Weg zu Gott ist kürzer als wir
glauben.

***

Die Messung verändert nicht nur das Ergebnis, sondern auch sich selbst.

***

Im nachhinein
haben wir es schon von vornherein
gewusst.

***

Weil das Verstehen unmöglich ist, ist das Nichtverstanden haben nicht so schlimm.

***

Im Kopf nimmt man am schnellsten ab.

***

Denken ist das höchste der Gefühle.

***

Wenn man sich nicht so klar ausdrückt,
wird deutlicher, was man will.

***

Der Gipfel der Erkenntnis
ist in Staunen gehüllt.

***

Früher wurde alles nacheinander gesagt,
heute gleichzeitig.

***

Leute, die man lange kennt,
lassen sich nicht ersetzen.

***

Ob man zueinander passt,
merkt man frühestens im Alter.

***

Wie friedlich die Kinder kriegen spielen!

***

Wenn man sich nicht so klar ausdrückt,
wird deutlicher, was man will.

***

Der Gipfel der Erkenntnis
ist in Staunen gehüllt.

***

Für alle Fälle habe ich noch
eine unbenutzte Meinung in Reserve.

***

Für das Leben gibt es kein Rezept;
es ist verschreibungsfrei.

***

Gedanklich kann mir nichts passieren,
ich habe alles im Begriff.

***

Es gibt zwei Arten der Vollkommenheit:
vollkommen nüchtern
und vollkommen besoffen.

***

Ist die Wirklichkeit
Gottes einzige Erfindung?

***

Entschuldigung, ich habe nicht
nachgedacht, ich war gerade in
Gedanken.

***

Mein Hirn ist krank; es hat Einfall.

***

Ich mag mich nur, weil ich es selber bin.

***

Beim Denken sollten wir
etwas Abstand von der Sprache halten.

***

Egal was kommt: Wir sind gewesen!

***

Selbst die Dünnen sind bei uns heute dicker.

***

Was sind wir Träumende
für die Menschen in unseren Träumen?

***

Das, was in allem ist,
ist dir in dir am nächsten.

***

Das Wir ist nur von innen ein Wir.

***

Das es immer noch andauert,
kann das Immer nicht abschließend
untersucht werden.

***

Schade, dass Hitler kein Maler geworden ist, sonst gäbe es jetzt nur ein paar hässliche Bilder mehr.

***

Wahr ist eine Aussage, wenn sie mit der Möglichkeit übereinstimmt.

***

Gott lässt sich schon die Karten schauen;
nur wir verstehen die Spielregeln nicht.

***

Wer ziellos sucht, findet lauter Anfänge.

***

Gott ein Kind?
Das würde ihm ähnlich sehen.

***

Alles bedeutet nur sich selbst.

***

Sehnsucht hat viele Yankees.

***

Die Bedeutung eines Menschen
hängt nicht von seiner Bedeutung ab.

***

Alles was sie verschweigen,
kann für Sie verwendet werden.

***

Verlege deinen Wohnsitz rechtzeitig an
den Ort, an dem du begraben sein willst.

***

Endlich fällt mir nichts mehr ein.